AF497815

STORB ET VERNER,

OU

LES SUITES D'UN DUEL,

DRAME EN TROIS ACTES,

De MM. BONEL et BOIRIE;

Représenté sur le théâtre de la Porte Saint-Martin, le 16 germinal an 13.

> Le vrai militaire, le vrai brave songe à combattre pour la cause de tous avant que de combattre pour celle qui lui est personnelle.
>
> *Acte premier, Scène VIII.*

A PARIS,

Chez BARBA, Libraire, palais du Tribunat, derrière le Théâtre Français, n°. 51.

AN XIII. (1805.)

<table>
<tr><td>PERSONNAGES.</td><td>ACTEURS.</td></tr>
<tr><td>LE GENERAL, Père noble.</td><td>M. Dugrand.</td></tr>
<tr><td>VERNER, Premier rôle.</td><td>M. Adnet.</td></tr>
<tr><td>LE MAJOR, Jeune premier.</td><td>M. Philippe.</td></tr>
<tr><td>FRITZ, Premier comique.</td><td>M. Bourdais.</td></tr>
<tr><td>LE CAPITAINE Rapporteur, Troisième rôle.</td><td>M. D'Herbouville.</td></tr>
<tr><td>EUGÉNIE, Jeune Première.</td><td>Mme Bourdais.</td></tr>
<tr><td>Un Sécretaire, personnage muet.</td><td></td></tr>
<tr><td>Un Domestique.</td><td></td></tr>
<tr><td>Soldats.</td><td></td></tr>
<tr><td>Paysans et Paysannes.</td><td></td></tr>
</table>

STORB ET VERNER,

OU

LES SUITES D'UN DUEL.

ACTE PREMIER.

Le théâtre représente un parc ; au lever du rideau des Paysans et des Paysannes sont occupés à orner le théâtre de guirlandes de fleurs et à préparer tout ce qu'il faut pour une fête.

SCENE PREMIERE.

EUGÉNIE, les Paysans.

EUGÉNIE, *aux paysans.*

Bien, mes amis, bien, le zèle que vous mettez à préparer tout ce qu'il faut pour fêter l'anniversaire du jour où le général Storb, votre maître, fit l'acquisition de cette terre, est un garant certain de votre amour pour lui, heureux qui inspire de pareils sentimens s'ils prouvent en faveur de mon père, ils prouvent aussi pour vous, il est beau d'être reconnaissant. Eloignez-vous, et attendez l'heure indiquée pour la fête ; allez. (*Les Paysans sortent.*)

Le colonel Verner m'a fait demander un moment d'entretien, mon devoir était de le refuser ; mais mon cœur parlait pour lui, j'ai consenti ; je l'apperçois.

SCENE II.

EUGÉNIE, VERNER.

VERNER.

Enfin , madame, vous consentez à me voir ! que ce moment a de charmes pour moi ; il m'offre l'occasion de vous répéter combien vous m'êtes chère ; mais cette assurance doit vous donner celle que je ne vois point sans crainte , les assiduités du major Brown , compagnon d'armes de votre père, il en est aimé.

EUGÉNIE.

Vous l'êtes d'Eugénie.

VERNER.

Ce mot charmant me rassure , vous devez me pardonner mes craintes , plus on prise un bien , plus on craint de le perdre.

EUGÉNIE.

Colonel , mon père me forcerait en vain à former d'autres nœuds , déjà ses instances pour son ami ont été sans succès ; je sais le respect que je lui dois , mais je connais son cœur ; croyez-moi, plus de feintes , il faut vous déclarer , et dès aujourd'hui lui demander ma main.

VERNER.

Plus le moment approche , plus il me devient redoutable ; j'ai sû par mes actions mériter l'estime du Général ; mais je doute que mon caractère , franc et vrai , m'ait acquit son amitié ; dans le conseil souvent je combattis ses opinions ; mes avis prévalurent sur les siens ; l'amour-propre nous aveugle , la passion l'emporte , et alors on regarde comme un ennemi l'homme qui nous prouve que nous avons tort.

EUGÉNIE.

Vous deviez approuver ces projets en songeant à moi.

VERNER.

Ils pouvaient compromettre mon Prince et mon pays ; ce fut la seule fois que je vous oubliai.

EUGÉNIE.

Vos soupçons peuvent être mal fondés , il faut vous en

assurer, le moment est propice ; il y a aujourd'hui huit ans que mon père fut fait Général sur le champ de bataille, la vie de son Prince, qu'il eut le bonheur de sauver, lui valu cet honneur ; il y en a six qu'il fit l'acquisition de cette terre, ses vassaux, heureux de ses bienfaits, célébrèrent cet époque ; le Général touché de leur reconnaissance, ému par le souvenir du jour qui mit le comble à sa fortune, est naturellement disposé aux affections les plus tendres ; il faut en profiter, Verner, il faut parler.

VERNER.

J'en saisirai la première occasion ; mais les troupes que je commande vont prendre part à la fête, les vassaux de votre père vont fêter sa bienfaisance, les soldats vont fêter sa valeur ; je vais me mettre à leur tête.

EUGÉNIE.

Le major Brown s'avance, différez un moment, sauvez-moi l'ennui d'une conversation que mon amour pour vous m'ordonne d'éviter.

SCENE III.

LES PRÉCÉDENS, LE MAJOR.

LE MAJOR.

Madame, je vous salue ; Colonel, les troupes sont rassemblées et je n'attends plus que vos ordres pour les introduire dans le parc.

LE COLONEL.

Il suffit, je me chargerai moi-même de ce soin.

LE MAJOR, *à part.*

Il veut m'éloigner, restons. Madame, la fête que l'on prépare aura plus d'attraits pour moi, si je dois trouver un jour un père dans celui qui en est l'objet.

LE COLONEL, *à part.*

Quel excès d'audace ; il ose en ma présence.

EUGÉNIE.

L'amitié que mon père vous témoigne vous est un sûr garant, qu'il aura toujours pour vous les mêmes sentimens.

LE MAJOR.

Daignez donc , belle Eugénie, en assurer la durée ; accordez moi votre main.

EUGÉNIE.

Monsieur.

LE COLONEL, *à part*

Je me contiens à peine.

LE MAJOR.

Dois-je interprêter cet embarras en ma faveur.

EUGÉNIE.

Mon père connaîtra mes véritables sentimens, c'est lui, monsieur, qui vous répondra. Chargée de quelques détails de la fête, permettez que je vous quitte.

SCENE IV.

LE COLONEL, LE MAJOR.

LE MAJOR, *à part*

Elle nous quitte ; ce départ...

LE COLONEL.

Ne prouve rien de favorable pour vous.

LE MAJOR.

Vous avez raison , et votre remarque ingénieuse ne me le fait que trop sentir.

LE COLONEL.

Mais , M. Brown , vos inquiétudes doivent être légères , n'avez-vous pas la parole du Général ?

LE MAJOR.

Il est vrai que M. Storb m'a donné son aveu ; mais Eugénie ne m'a point accordé le sien.

LE COLONEL.

Il paraît que vous pressez plus l'un que l'autre , puisque vous vous êtes assuré de celui de M. Storb , avant que de penser à obtenir l'agrément de sa fille.

LE MAJOR.

J'ai pensé, je l'avoue, que l'on devait suivre l'autre ; je me suis trompé.

LE COLONEL.

Je le crois; mais consolez-vous, Major, en amour comme en guerre les plus expérimentés font souvent des écoles.

LE MAJOR.

Il paraît aussi que l'on y trouve des commentateurs toujours prêts à vous faire appercevoir les moindres fautes.

LE COLONEL.

Que voulez-vous, la critique se glisse partout.

LE MAJOR.

Il y paraît.

LE COLONEL.

Les deux sujets sont pourtant différens, dans l'un il s'agit du salut de toute une armée et souvent de tout un pays.

LE MAJOR.

Et dans l'autre ?...

LE COLONEL.

Du bonheur de toute une famille ; vous conviendrez que cela vaut encore bien la peine que l'on y pense.

LE MAJOR.

Que voulez-vous dire ? croyez-vous qu'Eugénie serait malheureuse avec moi.

LE COLONEL.

Non ; mais je crois qu'elle serait au moins aussi heureuse avec un époux de son choix.

LE MAJOR.

Et quel est cet époux ?

LE COLONEL.

Moi !

LE MAJOR.

Vous ?

LE COLONEL.

Moi, vous dis-je ! et je vais de suite la demander à son père ; j'ai sur vous des droits incontestable.

LE MAJOR.

Quels sont-ils ?

LE COLONEL.

Les sermens qu'Eugénie et moi, nous sommes faits d'un amouréternel.

LE MAJOR.

Colonel, votre grade m'impose silence, sans quoi vous ne m'offenseriez pas impunément.

LE COLONEL.

Vous offenser n'était point mon intention ; mais si vous vous croyez insulté...

LE MAJOR.

Votre dessein serait-il de m'en faire raison...

LE COLONEL.

Quoique personne plus que moi n'ai senti le danger des duels, vous me connaissez trop pour me faire une pareille question.

LE MAJOR.

Vous m'accorderiez...

LE COLONEL.

Oui, convenons de notre rendez-vous !

LE MAJOR.

Hors les murs de ce château. Votre heure ?

LE COLONEL.

Vers la fin de la fête, dans le tumulte et pendant les jeux, nous pourrons aisément sortir sans être vu ; et là ce ne sera ni l'ordre d'un père, ni l'aveu d'une maîtresse, mais notre épee qui décidera de notre sort.

LE MAJOR.

J'ai votre parole ?

LE COLONEL.

Je vous la donne sur l'honneur.

LE MAJOR.

J'y crois ! je vais rejoindre le régiment. Adieu.

SCENE V.

LE COLONEL, *seul.*

J'ai été peut-être un peu trop loin ; mais il m'est impossible maintenant de reculer ; ce duel m'inquiète, non pour ses résultats quant à ma vie, mais pour ses suites ; je n'ai déjà que trop éprouvé combien elles sont fatales au repos d'un homme de bien, le destin me poursuit ; n'importe, opposonslui de la constance, c'est le seul moyen de le vaincre; Fritz, ce vieux caporal attaché à mon service, va venir, j'en ai besoin : confions-lui ce malheureux évènement, sa fidélité me répond de sa discrétion. Le voici, il arrive fort à propos.

SCENE VI.
LE COLONEL, FRITZ.

LE COLONEL.

Fritz....

FRITZ.

Mon colonel...

LE COLONEL.

J'ai besoin de toi.

FRITZ.

Tant mieux, car c'est sans doute pour quelque bonne action, vous ne me commandez jamais que cela.

LE COLONEL.

Surtout de la discrétion.

FRITZ.

C'est comme si vous me commandiez d'avoir du cœur.

LE COLONEL.

Pardon, mon vieux camarade, j'ai une affaire d'honneur, j'ai tout fait pour l'éviter, le préjugé la rend indispensable, je compte sur toi.

FRITZ, *tirant son chapeau.*

Mon colonel, de tous vos bienfaits, voilà celui qui m'est le plus précieux. Vous me choisissez pour votre second; combien sont-ils ? vingt ? j'en prends dix-neuf pour ma part.

LE COLONEL.

Je te remercie de ton zèle, j'ai compté sur toi.

FRITZ.

Vous avez eu raison.

LE COLONEL.

Pour me procurer une voiture.

FRITZ, *tout stupéfait.*

Pardon, j'ai cru...

LE COLONEL.

Tu te tiendras prêts à partir ; si je suis vainqueur, la

Storb et Verner.   B

sévérité de nos lois me force à fuir ; si je suis vaincu, le major Brown, mon adversaire, court le même danger. J'exige
ta parole que tu favoriseras sa fuite.

F R I T Z.

Le Major est votre adversaire, vous ne vous battrez pas.

L E C O L O N E L.

Fritz...

F R I T Z.

Non, mon Colonel, vous ne vous battrez pas.

L E C O L O N E L.

Fritz, votre zèle vous égare ; c'est assez, je sors, que dans
trois heures, une voiture soit à l'entrée de la route de Postdam, à mes ordres ou à ceux du major Brown.

F R I T Z.

Mais encore une fois, monsieur ?

L E C O L O N E L.

Obéissez, mon amitié est à ce prix. Cherchons M. Storb
et remplissons le veu d'Eugénie.

SCENE VII.

F R I T Z, *seul.*

Non, non, vous ne vous battrez pas. Ah ! ah ! monsieur
le Major, vous faites des vôtres, on y pourvoiera ; il ne
vous suffit pas d'avoir, il y a douze ans, tué un officier du
régiment de Salsbourg, vous en voulez à la vie de mon
Colonel ; eh moi, qui d'un mot, que je refuse depuis
douze ans, puis vous perdre ; je le souffrirais ! non, non,
mon Colonel m'est trop cher ; gourmandé injustement par
vous, puni plus d'une fois quand je ne le méritais pas, jamais aucune idée de vengeance n'entra dans mon âme ; mais
vous attaquez mon bienfaiteur, au diable les ménage-
mens ; votre épée, que j'ai dans les mains, preuve incontestable de votre délit, parera les coups que vous voulez lui
porter, le Roi est à Postdam, ce cantonnement n'en est éloigne que d'une demi-lieue, j'enfourche le meilleur cheval de
M. Verner, j'arrive au quartier général, je donne les renseignemens que j'avais refusé jusqu'à ce jour ; et un ordre

bien en forme, mettra j'espère un obstacle insurmontable à vos desseins; je vais donc prouver ma reconnaissance à ce brave M. Verner ; mais ne différons pas, un moment de retard causerait de grands malheurs; il m'en voudra peut-être de cette démarche; vainqueur ou vaincu, il est perdu, sauvons-le d'abord, je raisonnerai après. (*il sort.*)

SCENE VIII.
Le Général STORB, LE MAJOR.

LE GÉNÉRAL.

Je vous le répète, Major, ma fille est à vous.

LE MAJOR.

Général, son cœur est à d'autre.

LE GÉNÉRAL.

Je suis son père, elle m'obéira.

LE MAJOR.

Général, l'habitude que vous avez qu'on le fasse vous fait peut-être trop bien augurer de vos droits; il est plus aisé de commander à une armée entière, qu'au cœur d'une jolie femme.

LE GÉNÉRAL.

Votre mérite personnel, la condescendance de ma fille, pour mes moindres desirs, tout doit bannir vos alarmes.

LE MAJOR.

Le Colonel est aimé.

LE GÉNÉRAL.

Le Colonel est un galant homme, il sait que mes engagemens avec vous sont antérieurs à la demande qu'il m'a faite de la main de mon Eugénie ; ma fille me chérit trop tendrement pour me désobéir ; d'ailleurs, depuis huit ans que vous servez sous mes ordres, chaque action de votre vie légitime mon choix ; votre père mort à mes côtés, sur le champ de bataille, où mes exploits me valurent le titre dont je suis revêtu, ne vous laisse d'autre héritage que son nom et sa gloire; eh bien, moi, je me charge de ta fortune en te donnant ma fille ; mon ami, je te donne le bien le plus cher à mon cœur ; mais vous la rendrez heureuse; votre félicité et vos soins adouciront en moi les maux qu'un long âge en-

entraîne souvent à sa suite. Prêt à quitter la vie, avec quel plaisir je me verrai renaître dans mes enfans ! quel bonheur de pouvoir se dire : Je meurs, j'existe encore, je laisse à mon Prince, à mon pays, un nouveau moi-même : car je me charge de l'éducation de ton premier fils.

LE MAJOR.

Doux prestige de l'illusion que vous êtes séduisant.

LE GÉNÉRAL.

Illusion ! crois-tu que l'expérience d'une longue carrière ne me mette point à même de guider un jeune cœur dans le sentier de la gloire et de la vertu ? me refuserais-tu cet avantage ?

LE MAJOR.

Oui, s'il était possible de trouver un maître plus habile que vous.

LE GÉNÉRAL.

Ma méthode est simple, obéissance et attachement inviolable à son Roi, respect pour ses chefs, aménité et indulgence pour ses inférieurs ; voilà mes premiers élémens.

LE MAJOR.

Vous donnez le précepte et l'exemple.

LE GÉNÉRAL.

Le premier au combat, le dernier à accepter un duel.

LE MAJOR, *vivement.*

Le dernier à accepter un duel !

LE GÉNÉRAL.

Oui, Brown, le vrai militaire, le vrai brave songe à combattre pour la cause de tous, avant que de combattre pour celle qui lui est personnelle.

LE MAJOR, *toujours vivement.*

Général, votre bravoure reconnue autoriserait votre élève à douter de ce principe, et vous-même...

LE GÉNÉRAL.

L'expérience, ami, est un grand maître, et je serais plus heureux si j'avais toujours été pénétré de cette vérité.

LE MAJOR, *inquiet.*

Auriez-vous été victime du contraire ?

LE GÉNÉRAL.

Que trop, obligé de fuir sur une terre étrangère, ce ne fût que sous un faux nom, que je m'exposai à rentrer dans ma patrie.

LE MAJOR.

Comment...   (*Ici on entend le signal de la fête.*)

LE GÉNÉRAL.

Major, le signal de la fête vous appelle à votre poste, daignez-vous y rendre, et remettons à un autre moment la suite de cet entretien.

LE MAJOR, *à part.*

Eh ! c'est au moment de me mesurer avec le Colonel qu'il me fait cette confidence. (*haut.*) Je vous quitte, Général, et suis convaincu qu'il est des momens où la nécessité l'emporte sur tous les raisonnemens, et que l'homme le plus coupable, en pareil cas, est souvent celui qui a tout fait pour ne pas l'être.

SCENE IX.

LE GÉNÉRAL, *seul.*

Que veut-il dire ? est-ce qu'il saurait ?... non, mes crainteur sont vaines, moi seul, je pourrais être mon délateur ! Mais écartons ce fâcheux souvenir, et ne songeons qu'aux plaisir que ce jour dois me procurer.

SCENE X.

LE GÉNÉRAL, EUGÉNIE, LE COLONEL, LE MAJOR.

(*Eugénie arrive à la tête de tous les villageois, elle va se placer sur une espèce de trône, où elle fait placer son père, Verne arrive à la tête des troupes.*)

LE GÉNÉRAL.

Général, je viens au nom des troupes que j'ai l'honneur de commander, vous féliciter et vous remercier du service que vous nous avez rendu il y a huit ans, en sauvant la vie du Roi; jugez de notre reconnaissance par celle que prouvent des enfans auxquels on rend un père , le ciel doubla ce bienfait puisque vous devîntes notre chef; les habitans de ces contrées , craignant d'affaiblir le témoignage que vos bienfaits leur inspire, n'ont voulu confier qu'à moi seul l'honneur de vous en assurer ; leur démarche , leur empressement, leur zèle, vous charmeront davantage que les discours les plus éloquens, ils sont souvent le fruit de la réflexion et de l'étude ; l'expression du cœur ne se commande et ne s'apprête jamais.

LE GÉNÉRAL.

M. le Colonel, vos soldats, en vous choisissant pour me féliciter sur un évènement dont chacun d'eux, à ma place , eût été le héros , étaient sûr de doubler le plaisir que leur démarche me cause ; mes vassaux, en vous priant d'être leur organe, me rendent fier de leur amitié puisque leur choix me prouve qu'ils savent juger et connaître les hommes. Veuillez vous placer à mes côtés, j'aime à m'entourer des gens que j'estime. M. le Major votre place est près d'Eugénie.

LE COLONEL.

Qu'il me tarde que cette fête soit finie.

(*Le Colonel va se placer près du Général , le Major près d'Eugénie; la fête commence. Ballets , fête militaire, évolutions* (1). *Après la fête on entend du bruit dans la coulisse , ce qui interromp la fête.*)

SCENE XI.

LES PRÉCÉDENS, FRITZ , *arrivant tout essouflé.*

FRITZ.

Place , place , M. le Général , voici un ordre du Roi.

LE GÉNÉRAL.

Du Roi !

FRITZ , *lui remettant le paquet.*

De lui-même. (*à part, appercevant le Major et le Colonel.*) Bon , je suis arrivé à tems.

---

(1) Nous laissons au Directeur et au maître de Ballets le soin de ces détails.

LE GÉNÉRAL.

Mes amis, des rafraîchissemens sont préparés dans la cour du château , continuez-y vos danses et vos jeux, nous ne tarderons pas à y prendre part.

(*Les troupes défilent de même que tous les villageois.*)

LE COLONEL, *bas au Major.*

Je sors.

LE MAJOR.

Je vous suis.

LE GÉNÉRAL, *s'appercevant qu'ils vont sortir.*

Restez, messieurs, j'aurai sans doute des ordres à vous donner; toi , mon Eugénie , va me remplacer près de ces braves gens , ta présence ne pourra qu'ajouter au plaisir de la fête.

EUGÉNIE.

J'obéis.

(*Jeu d'estime entre Eugénie et Verner ; colère du Major qui s'en apperçoit ; joie de Fritz , qui se félicite d'avoir réussi ; pendant ce tems, le Général lit la lettre du Roi.*)

SCENE XII.

LES PRÉCÉDENS, excepté EUGÉNIE.

LE GÉNÉRAL, *après avoir lu la lettre.*

Grand dieu !

LE COLONEL et LE MAJOR.

Qu'avez-vous donc, monsieur.

LE GÉNÉRAL.

Le Roi me donne des ordres bien cruels à exécuter, l'un de vous, messieurs, s'est rendu coupable.

TOUS LES DEUX.

Coupable !

LE GÉNÉRAL.

Ecoutez l'ordre du Roi.

« Général , vous donnerez l'ordre au Colonel Verner de » faire de suite arrêter Hyppolite Brown, du régiment qu'il » commande. Depuis long-tems des soupçons planaient sur » sa tête ; le caporal Fritz vient, par une déposition bien » en forme , de les confirmer , son délit est de la nature de

» ceux qui entraînent la peine capitale ; vous le ferez juger
» dans les vingt-quatre heures ; vous remettrez le paquet ci-
» joint, renfermant la procédure, au Capitaine rapporteur.
» Le Colonel Verner est chargé de poursuivre cette affaire
» et présidera le conseil ; j'attends de vous et de lui une juste
» sévérité ; autant je sais récompenser, de même je sais pu-
» nir celui qui enfreint les lois.   FRÉDÉRIC. »

VERNER, *avec épanchement.*

Ce revers est affreux !

LE GÉNÉRAL.

N'est-il aucun moyen de vous sauver ? parlez Brown, de
quel délit vous êtes-vous rendu coupable ?

LE MAJOR, *avec fermeté.*

D'aucun ! et vous voyez ma surprise.

LE COLONEL.

La feinte est inutile, les momens sont comptés, confiez-
nous vos malheurs.

LE MAJOR, *avec ironie.*

Je vous remercie, M. le Colonel, et crois à la sincérité de
de votre zèle ; mais mettez-vous à ma place, vous savez ce
qui devait se passer entre nous, l'homme qui me dénonce,
je ne sais pourquoi, est un homme à votre service.

LE COLONEL.

Vous me feriez l'injure de croire.

LE MAJOR.

La prudence...

LE COLONEL.

C'en est trop, sortons, je prends tout sur moi, venez, et
je vais vous prouver...

LE MAJOR, *avec ironie.*

Non, je ne comprometterai pas à ce point vos intérêts, je
je sais trop le respect que je dois à mon juge... M. Verner,
voici mon épée. (*fixant le Colonel.*) On a su me la rendre
inutile ; exécutez vos ordres, faites que l'on me conduise en
prison.

LE GÉNÉRAL.

Je me rends sa caution.

EUGÉNIE.

De grace, renoncez à un pareil projet, et pour vous venger d'un crime imaginaire, craignez d'en commettre un réel.

LE GÉNÉRAL.

Eugénie, j'ai cru que c'était à moi seul qu'appartenait ici le droit de donner des conseils.

EUGÉNIE.

Pardon, mon père, pardon, l'innocence de mon amant... l'innocence de M. Verner m'a peut-être fait sortir malgré moi des bornes du respect que je vous dois ; mais votre fille vous doit compte de tous ces sentimens. Si l'homme que vous accusez est coupable, comment justifier l'amour que j'ai pour lui, ses actions dans les combats, sa noble indépendance aux conseils, son peu de crainte à se faire des ennemis quand l'honneur lui dicte ses devoirs, son respect, son attachement pour vous, méritent votre estime, l'expression de son ardeur pour moi, la pureté de ses mœurs enfin méritent mon amour. Jusques-là tout parle en sa faveur : et qu'importe ! qu'une funeste prévention s'élève contre lui, sa conduite passée est pure, attendons des preuves pour le juger. Il est toujours tems de punir un coupable, on ne répare jamais le mal que l'on fait à l'homme innocent.

LE GÉNÉRAL.

Eh bien, je veux te croire. Qu'il m'en donne une preuve. Il est nommé président du tribunal qui va juger mon malheureux ami, il peut le servir doublement. Le dénonciateur est à son service, on connaît toute l'amitié de ce dernier pour son Colonel, qu'il le décide à se rétracter, ou, si l'affaire dont j'ignore les détails rend ce moyen nul, qu'il donne au Major la facilité de se soustraire à un arrêt cruel.

EUGÉNIE.

Mais sa responsabilité.

LE GÉNÉRAL.

Il peut aisément se mettre à couvert, moi-même je le servirai. Si le Major est coupable, ce ne peut-être de ses actions dont l'honneur et les mœurs exigent une punition terrible, sa faute appartient sans doute à son état, la discipline est sévère, le salut de l'armée, la prospérité de nos armes l'exigent. Mais si le Roi blâme hautement celui qui arrache un malheureux à sa juste rigueur, il le bénit et l'applaudit en secret, l'humanité parle à tous les cœurs.

EUGÉNIE.

Je vais le trouver, ne doutez pas, mon père, qu'il consente...

LE GÉNÉRAL.

Le jour ou j'aurai la certitude que le Major est en sûreté, ta main sera la récompence de ce service. Ta réponse va diriger ma conduite ; s'il se refuse à nos vœux, il ne me reste qu'un moyen, je l'emploierai.

EUGÉNIE.

Espérez tout, mon père, l'amour va plaider la cause de l'amitié.

(*Il sort d'un côté, Verner entre de l'autre.*)

SCENE II.

EUGÉNIE, VERNER.

VERNER, *ayant apperçu le Général sortir.*
Votre père, mademoiselle, semble fuir ma présence.

EUGÉNIE.

Il cherche à dérober à tous les yeux la peine que lui cause l'évènement malheureux qui suspend les plaisirs que nous promettaient cette journée.

VERNER.

Me croit-il donc plus insensible que lui au sort de M. Brown.

EUGÉNIE.

Vous êtes un de ces juges.

VERNER.

Hélas ! avec quel plaisir je céderais à un autre ce funeste emploi.

EUGÉNIE.

Le Major y perdrait peut-être, car je suppose que vous ferez tout pour le sauver.

VERNER.

N'en doutez pas.

EUGÉNIE.

J'en étais sûre, et vous emploirez...

VERNER.

Tout ce qui ne blessera ni l'honneur, ni les intérêts du Roi.

EUGÉNIE.

Fritz est l'accusateur dans cette affaire, son témoignage seul, d'après la lettre du Roi, compromet l'accusé, Fritz vous est dévoué, vous pouvez tout sur lui.

VERNER.

Eh bien !

EUGÉNIE.

Faites qu'il se rétracte.

VERNER.

Eugénie, qu'osez-vous demander, vous voulez que je devienne un vil suborneur, que dirait-on de moi, si jamais on venait à savoir...

EUGÉNIE.

Le soupçon que vous avez gagné, Fritz, pour sauver un homme, sera plus honorable pour vous que celui que vous avez gagné pour le perdre.

VERNER.

Eugénie m'en croirait capable.

EUGÉNIE.

Je vous aime, c'est vous répondre ; mais mon estime seule ne vous suffit pas ; Verner, les hommes les plus vertueux sont souvent les plus calomniés ; enlevés à vos ennemis cet avantage.

VERNER.

Je les servirais en trahissant mes devoirs ; mais quand mon amour pour vous me ferait entrer dans vos projets, cette démarche contraire à mes principes n'aurait qu'un résultat honteux ; cette même lettre du Roi que vous venez de citer, annonce que les preuves que Fritz a apportées, sont irrécusables ; quand il se rétracterait, les preuves existeraient toujours.

EUGÉNIE.

Eh bien, il vous reste un moyen de me prouver votre amour. Facilitez, en cas de danger, l'évasion du Major.

VERNER.

Eugénie, je le vois, vous voulez éprouver ma fidélité.

EUGÉNIE.

Si vous consentez à le sauver, ma main est le prix de ce service.

VERNER.

Votre père connaît trop les obligations que notre état nous impose pour consentir jamais à donner sa fille a qui les oublierait aussi lâchement.

EUGÉNIE.

Vous cherchez en vain des prétextes pour colorer votre refus ; la démarche que je fais près de vous m'est commandée par mon père.

VERNER.

Quoi ! il consentirait... il serait vrai.

EUGÉNIE,

Jamais le mensonge ne souilla ma bouche. Vous promettez donc...

VERNER

Le prix est innapréciable sans doute, mais l'honneur l'emporte sur mon amour ; je ne promets rien.

EUGÉNIE, *avec fierté.*

Il suffit. Je conçois maintenant que j'ai eu tort. Mon père vous a mieux jugé que moi. Je vais lui porter votre réponse.

VERNER.

Eh quoi ! vous mé quittez ainsi ?

EUGÉNIE.

Faites votre devoir, monsieur le Colonel, je remplirai le mien. Adieu.

SCENE III.

VERNER, *seul.*

Elle me quitte, je le vois, Eugénie aussi me soupçonne de déloyauté ; est-il une position plus affreuse. De tous les maux que j'ai éprouvé dans ma vie, ce dernier est le plus cruel. Mon innocence me rassure, on supporte plus aisément le malheur quand le cœur ne reproche rien.

SCENE IV.

VERNER, FRITZ.

FRITZ.

Mon Colonel, on m'a dit que vous me demandiez.

VERNER.

Oui, monsieur.

FRITZ, *étonné.*

Monsieur... Il ne me donna jamais ce titre.

VERNER.

Vous êtes âgé; depuis dix ans vous me servez avec fidélité, je dois reconnaître vos services passés. Voilà une bourse
qui contient de quoi vous mettre à l'abri du besoin pour le
reste de vos jours, restez, puisque votre présence au tribunal est indispensable, mais dès ce moment vous n'êtes plus
à mon service.

FRITZ.

Et pourquoi, mon Colonel.

VERNER.

Pourquoi ; malheureux as-tu oublié ta dénonciation contre le Major ; sais-tu que tu as commis l'action la plus dés-
honorante ?

FRITZ.

Mais, mon Colonel, c'était pour vous servir.

VERNER.

Pour me servir.

FRITZ.

Quand j'ai appris que le Major était votre adversaire,
sûrs que les résultats de votre duel, tels qu'ils fussent, vous
seraient préjudiciable, je n'ai vû que votre danger, j'ai dit
tout ce que je savais.

LE COLONEL.

Si le Major avait quelques affaires dangéreuses, il fallait
ou m'en avertir, ou garder ce secret dans votre sein.

FRITZ.

Mon Colonel, écoutez-moi.

LE COLONEL.

Vous ne pourriez rien me dire qui pût vous excuser. Vous avez peut-être donné la mort à un des plus braves officiers de l'armée, vous m'avez porté un coup terrible.

FRITZ.

Moi, mon Colonel ?

LE COLONEL.

Oui, et je suis soupçonné d'avoir provoqué votre dénonciation.

FRITZ.

Je vais déclarer au monde entier que vous êtes innocent, que moi seul suis un monstre, un misérable ; je mourrai puisque j'ai mérité votre colère, mais je mourrais doublement si la faute que j'ai commise rejaillissait sur vous. Mon brave Colonel, croyez...

LE COLONEL.

Il suffit ; le Capitaine rapporteur s'avance, laissez-nous. (*Fritz sort.*)

SCENE V.

LE COLONEL, Le Capitaine BURNER.

LE COLONEL.

Eh bien, monsieur le Capitaine, avez vous pris connaissance des pièces à charge.

BURNER.

Il est perdu...

LE COLONEL.

Grand dieu !

BURNER.

Les preuves apportées par le caporal Fritz ôtent tout espoir de le sauver, je vous l'avoue, M. Verner, j'ai été surpris de trouver dans l'homme qui perd M. Brown, un vieux militaire attaché à votre service.

LE COLONEL.

M. Burner, le zèle de ce malheureux me rend aussi à plaindre que l'infortuné Brown.

BURNER

Vous.

LE COLONEL.

Les soupçons les plus odieux planent sur ma tête, le Major était mon rival, il avait le consentement de M. Storb, on ose supposer que j'ai provoqué la démarche de Fritz ; je perds en un moment le cœur de ma maîtresse et l'estime de mes amis.

BURNER.

Les suites d'une injuste prévention ne peuvent que vous être favorable, le souvenir de vos actions passées dissipera bientôt les nuages qui obcurcissent votre gloire.

LE COLONEL.

Il faut des années pour en acquérir, un moment suffit pour nous en priver.

BURNER.

Le grand homme survit aux efforts de la persécution et de la calomnie, monsieur le Colonel ; il est souvent glorieux d'être pērsécuté. J'ai donné l'ordre qu'on amène ici le prisonnier, je vais l'interroger.

LE COLONEL, *lui prenant la main.*

Monsieur Burner...

BURNER.

Je vous entends, croyez que je ferai tout ce qui dépendra de moi.

LE COLONEL.

Je vous en remercie. Le Major viens, je me retire, je serais trop heureux si je pouvais aussi facilement éviter sa présence au tribunal. (*il sort.*)

SCENE VI.

BURNER, LE MAJOR.

(*Burner va se placer à une table, le Major entre escorté par quatre fusiliers et un caporal.*)

BURNER, *désignant une chaise à M. Brown.*

Asseyez-vous, Major.

BURNER.

N'étiez-vous pas a Berlin il y a douze ans.

Storb et Verner.　　　　　　　　　　　　　　　D

LE MAJOR.

Oui, monsieur le Capitaine, j'étais alors lieutenant dans le même régiment, ou les bontés du Roi m'ont élevé depuis au grade de Major.

BURNER.

N'étiez-vous pas au bal qui fus donné dans la même ville et dans le même tems en réjouissance de la victoire que nous remportâmes à Rosback.

LE MAJOR.

J'eu l'honneur de partager les périls de cette journée, de même que les plaisirs qui la suivirent; oui, j'étais au bal.

BURNER.

N'en sortîtes-vous pas vers les quatre heures du matin.

LE MAJOR.

Je le crois.

BURNER.

N'entrâtes-vous pas dans le corps-de-garde établi pour la police de ce bal, et dont la garde était fournie par le régiment de Brunsvick ? le caporal Fritz le commandait.

LE MAJOR.

J'en conviens...

BURNER.

Vous étiez blessé.

LE MAJOR.

Je me trouvais dans une des salles du bal au moment ou la chûte d'un lustre, mal suspendu, pouvait occasionner un malheur, en voulant le ralentir une des branches vient à se détacher, me blessa à la main droite, j'entrai au corps-de-garde pour envoyer chercher chez moi, par un des soldats de mon régiment, ce qu'il fallait pour penser ma blessure, du reste assez légère.

BURNER.

De nombreux témoins attestent qu'à la porte du bal et presqu'au moment même ou vous en sortiez, un officier de votre régiment eut querelle avec un officier de Salsbourg, que la suite en fut une affaire dans laquelle tout prouve que ce dernier à péri, puisque depuis on en a jamais entendu parler; n'avez-vous aucune connaissance de cet évènement.

LE MAJOR.

Aucune...

BURNER.

Cependant, d'après tous les renseignemens, ce ne fut que quelques instans après que cette affaire eut lieu que vous entrâtes au corps-de-garde, vous étiez sans armes; qu'aviez vous fait de votre épée.

LE MAJOR.

L'usage n'est point d'en porter dans un lieu consacré au plaisir.

BURNER.

S'il était prouvé qu'on eut reconnu votre épée dans celle trouvée sur la place ou le duel avait eu lieu, qu'auriez-vous à répondre.

LE MAJOR.

Que la chose est impossible.

BURNER.

Cette épée vous à-t-elle appartenu.

LE MAJOR.

Oui, mais avant l'époque dont vous parlez, je l'échangeai contre une autre, avec un homme qui, je le vois, à su profiter de cette circonstance.

BURNER.

Pouvez-vous donner des preuves de ce que vous avancez.

LE MAJOR.

Difficilement; l'homme assez lâche d'employer ce moyen pour me perdre, est précisément celui qui peut attester la vérité du fait.

BURNER.

Monsieur le Major, je vous crois, mais le tribunal ne peut prononcer que sur des preuves, et malheureusement elles sont contre vous; votre accusateur s'avance, votre salut dépend de ce qu'il va dire et de ce que vous avez répondu.

SCENE VII.

LES PRÉCÉDENS, FRITZ, Le Caporal.

BURNER.

Fritz, approchez; connaissez-vous monsieur.

FRITZ, *intimidé en voyant le Major.*

Il y a quatorze ans que j'ai l'honneur de connaître M. le Major Brown.

BURNER.

Vous l'accusez d'avoir tué en duel un officier au régiment de Salsbourg.

FRITZ.

Je donnerais ma vie pour ne pas en avoir la certitude.

BURNER.

Sur quoi la fondez-vous.

FRITZ.

Monsieur le Capitaine, un excès de zèle m'a porté à commettre une action dont M. Verner m'a fait connaître toute l'horreur.

LE MAJOR, *avec violence.*

Monsieur Fritz, vous n'êtes point appelé ici pour faire l'éloge du Colonel, mais bien pour m'accuser, parlez, en le faisant vous remplirez mieux ses intentions.

FRITZ.

Monsieur le Major, votre haine pour le brave homme perce dans tous vos discours.

BURNER.

Parlez donc.

FRITZ, *avec colère.*

Eh bien, oui, je parlerai, j'étais venu ici avec d'autres intentions, mais puisqu'on ose encore attaquer mon Colonel.

BURNER.

Fritz, point de réflexions, au fait, quelles sont vos preuves.

FRITZ.

Celles consignées dans les pièces que vous avez entre les mains.

BURNER, *au Major.*

Je vais vous en donner connaissance.

« Je soussigné Almaric Fritz, caporal à la troisième com-
» pagnie du régiment de Brunsvik, déclare que, commandant
» le poste établi pour la police du bal donné à Berlin il y a
» douze ans, je vis entrer vers les quatre heures du matin le
» lieutenant de ma compagnie, M. Brown, que le dit lieute-

» ,nant était blessé à la main droite , envoya chercher chez
» lui , par un des soldats du poste, de quoi se penser, qu'à
» peine il fut sorti que plusieurs personnes vinrent me pré-
» venir que deux officiers , l'un du régiment de Salsbourg et
» l'autre du régiment de Brunsvick , avaient eu dispute
» quelques momens auparavant à la porte du bal , que la
» chose ayant été loin , tout portait à croire qu'ils étaient
» allés ce battre , j'envoyé une patrouille vers l'endroit ou
» je supposais que l'affaire avait eu lieu , en effet , on me
» rapporta l'épée ci-jointe trouvé sur la place , ou des traces
» de sang nouvellement répandu prouvèrent que l'on s'était
» battu , cet épée fut reconnue par moi et par tout mes
» camarades pour être celle de notre lieutenant M. Brown ,
» ce qui nous donna la preuve que c'était lui qui s'était battu,
» et qu'il était coupable de la mort de l'officier du régiment
» de Salsbourg , que nous apprîmes depuis ; en foi de quoi
» j'ai signé la présente déclaration que j'atteste véritable
» dans toute sa teneur.

  » FRITZ , Caporal au régiment de Brunsvick. »
» Postdam , ce...

Cette déclaration est appuyée du témoignage de toute la
garde. On a reconnu deux officiers qui se querellèrent , l'u-
niforme du régiment de Brunsvick , la taille que l'on donne
à cet officier est précisément la vôtre.

LE MAJOR.

Vous conviendrez , monsieur le Capitaine , qu'il est in-
compréhensible que le caporal Fritz ait gardé douze ans le
secret d'une pareille affaire , lui à qui son devoir faisait la
loi de le découvrir sur le champ.

FRITZ.

Mon devoir sans doute me l'ordonnait , mais mon cœur
me défendit toujours de faire du mal à quelqu'un , et sans
votre haine pour M. Verner , jamais...

BURNER.

Il suffit. M. Brown, tout prouve que deux officiers ont eu
une querelle , tout prouve que le comte de Struberg en a été
la victime , car c'est de ce moment qu'il à disparu; plusieurs
personnes l'ont vu , l'ont reconnu pour un de ceux qui se

disputaient, ainsi donc point de doute à cet égard, il est également prouvé qu'un officier de votre régiment était son adversaire ; votre blessure, le rapport de votre taille avec celle du coupable, votre présence au bal n'offre que des soupçons, mais votre épée trouvée sur le lieu même du combat les changent en certitude.

LE MAJOR.

Vous estimez le colonel Verner.

BURNER.

J'imite en cela toute l'armée.

LE MAJOR

Connaissez donc combien la jalousie peut avilir les hommes. Cette épée...

BURNER.

Eh bien.

LE MAJOR.

C'est celle du Colonel, ce fut avec lui que j'en fis l'échange, c'est Fritz, c'est son digne serviteur qui m'accuse, concevez-vous toute l'horreur d'une pareille trame.

BURNER.

Accuser les autres, n'est pas se justifier.

FRITZ, *en colère*.

C'est une insigne calomnie.

BURNER, *au Caporal*.

Faites venir M. Verner. (*Le caporal sort.*)

BURNER.

Si le fait que vous avancez n'est pas un moyen inventé pour vous justifier, le caractère du Colonel, sa loyauté reconnue, tout m'assure qu'il vous secondera par la vérité de sa déclaration.

LE MAJOR.

Suffit-il d'être accusé pour perdre ses droits et l'estime générale ? m'a-t-on jamais vû dévier des principes de l'honneur ? Je vous le répète, cette épée est celle du Colonel.

BURNER.

Mais enfin, s'il le nie, avez vous d'autres preuves à donner ?

LE MAJOR.

Aucune.

SCENE VIII.

L**es précédens**, LE COLONEL , Le Caporal.

LE COLONEL.

Vous m'avez fait demander, M. Burner.

BURNER.

Oui , M. le Colonel , votre présence est ici de la plus haute importance. Vous pouvez sauver monsieur.

LE COLONEL.

Parlez, et si je le puis sans manquer à mes devoirs, croyez que je ne laisserai point échapper l'occasion de me venger de ces injustes soupçons.

LE MAJOR, *ironiquement.*

Je le crois, monsieur , autant qu'à la vérité de ce vous allez dire.

BURNER, *au Colonel.*

Connaissez-vous cette épée.

LE COLONEL.

Que vois-je, cette épée m'appartient.

FRITZ.

Grand dieu !

LE COLONEL, *vivement.*

Monsieur le Capitaine , de quel délit M. Brown est-il prévenu.

BURNER.

D'avoir tué, il y a douze ans, le comte de Struberg, officier du régiment de Salsbourg.

LE COLONEL.

M. Burner, le Major est innocent, le coupable est devant vos yeux.

TOUS ENSEMBLE.

Vous...

BURNER.

Songez-vous au péril auquel vous vous exposez.

LE COLONEL.

Eh ! qu'importe le péril, l'honneur est tout, cet épée m'appartient ; j'eu affaire avec un officier du régiment de

Salsbourg, nous nous battîmes, l'obscurité m'empêcha de voir le coup que je portai à mon adversaire, sa chûte me l'ayant fait juger mortelle, je m'enfuis en laissant mon épée, quelques jours après j'appris que le comte de Struberg, officier du régiment de Salsbourg, officier que je ne connaissais pas, avait péri la nuit de ce funeste bal, dans un duel qu'il avait eu avec un officier de mon régiment; les renseignemens sur ce dernier étaient incertains. Je me reconnu, mais j'espérais me soustraire, non à mes remords, mais à la justice des hommes; jusqu'à ce jour cet espoir s'est réalisé; le destin en ordonne autrement, on accuse M. Brown d'un crime dont je suis coupable, et je souffrirais qu'il expiat la faute que j'ai commise; non, je sais le sort qui m'attend, mais le sentiment de ma conscience emporte celui de la crainte, à qui vécu toujours sans reproche, la mort n'est rien, de juge je deviens accusé.

LE MAJOR.

M. le Colonel, je ne puis vous peindre mon admiration.

LE COLONEL.

Estimez-moi, M. Brown, et demeurez convaincu que l'homme le plus soupçonné n'est pas toujours le plus coupable.

FRITZ, *à part.*

Eh, c'est moi qui perd mon colonel.

LE COLONEL.

S'il me reste encore sur vous quelqu'autorité, Fritz, je vous impose silence. Soldats, conduisez-moi en prison.

LE MAJOR.

Je ne le souffrirai pas, je me rends votre caution.

LE COLONEL.

M. le Major, j'exige de vous un autre service, ma mort va vous rendre l'époux d'Eugénie, portez-lui mon dernier vœu, qu'elle fasse votre bonheur, faites le sien, je mourrai moins malheureux si mon souvenir lui arrache quelquefois des larmes, n'en soyez jamais jaloux, M. Brown, on n'est pas criminel pour être sensible; soldats je vous suis.

BURNER.

Vous exigez; soldats accompagnez M. le colonel Verner.

LE COLONEL.

Autant vous m'avez vu sévère, autant je veux qu'on le soit pour moi. (*Les soldats portent les armes.*) Que faites vous, mes amis, je suis accusé.

FRITZ.

Bien, mes camarades, bien, un accusé n'est pas toujours condamné, et un brave homme est toujours un brave homme.

SCENE IX.
BURNER, LE MAJOR, FRITZ.

BURNER.

Je vais de suite faire le rapport de cet affaire au Général, les ordres sont précis, le tribunal va s'assembler, la déposition du Colonel vous rend libre, je connais votre cœur, je n'ose vous en féliciter.

LE MAJOR.

Vous avez raison, la grandeur d'âme de M. Verner me rend honteux de mes soupçons, il est donc vrai que l'homme le plus probre et le plus généreux peut en être victime, je vais vous accompagner chez M. Storb, la bizarrerie de cette affaire, les circonstances qui l'accompagnent parlent en faveur du Colonel; il faut en instruire le Roi, ne négligeons aucuns moyens pour l'arracher au sort qui l'attend.

(*Ils sortent.*)

SCENE X.
FRITZ, *seul.*

Moi je vais rassembler tout le régiment, tous les heureux qu'il a faits, et ils seront en grands nombres, nous irons nous jeter aux pieds du Roi. Sire, lui dirai-je, vous voyez une famille entière qui vient implorer la grâce de son chef, le colonel Verner a privé Votre Majesté d'un officier qui peut-être vous eut rendu de grands services; mais le colonel, à la bataille de Rosback, a tué de sa main vingt de vos ennemis, le colonel a violé une de vos lois, mais le colonel enleva, près de Roerkeim, une redoute, dont la prise

Storb et Verner.   E

sauva toute l'armée, son crime demande un grand exemple, il a donné celui de la valeur à tous vos soldats. Sire, s'il le faut, qu'il périsse, mais que le plomb meurtrier qui doit vous enlever un de vos plus braves officiers ne l'atteigne qu'à l'ombre des nombreux drapeaux qu'il a conquis sur vos ennemis ; un Roi est un homme, un homme a un cœur, la vue de ses vieux soldats les yeux baignés de larmes, le souvenir des services du Colonel, tout cela émeut le Prince, le mot grâce frappe ses oreilles, il arrive jusqu'à son cœur, sa bouche le prononce. Ne différons pas davantage, je cours à la caserne.

Fin du second Acte.

ACTE III.

Le théâtre représente un des appartemens du château du général Storb.

SCENE PREMIERE.
EUGÉNIE., FRITZ.

EUGÉNIE.

Que les nouvelles affreuses que vous venez de m'apporter , Fritz , me rendent coupable devant M. Verner. Répétez-moi tout ce que la conduite a de noble.

FRITZ.

Mademoiselle, ne perdons pas de tems en détails inutiles, il faut le sauver.

EUGÉNIE.

Et c'est vous, vous, qui l'avez perdu.

FRITZ.

Je mérite tous vos reproches, mon cœur m'en fait de bien plus cruels , la vie de M. Verner est en danger.

EUGÉNIE.

Sa vie !

FRITZ.

Oui , mademoiselle , la loi est précise , elle puni de mort, tout officier convaincu de s'être battu en duel.

EUGÉNIE.

L'amitié que vous portez au Colonel , vous fait augmenter son danger. Le Roi, à l'époque de la paix , accorda une amnistie à tous ceux qui s'étaient battus en duel ; d'après le rapport que vous venez de me faire , le délit du Colonel est antérieur à cette nouvelle preuve de la bonté du Prince ; Verner profitera du bienfait de cette loi.

FRITZ.

Je le croyais comme vous ; mais , hélas !

EUGÉNIE, *tremblante.*

Eh bien?

FRITZ.

Elle en prive l'homme assez malheureux pour avoir tué
son adversaire.

EUGÉNIE.

Malheureuse !

FRITZ.

Je voulais, à la tête de tous mes vieux camarades, aller
me jeter aux pieds de Frédéric; la nouvelle vient d'arriver
que le Roi est retourné à Berlin; je n'ai plus qu'un espoir,
votre père commande ici.

EUGÉNIE.

Tout se réuni contre le malheureux Verner; mon père
partageant des soupçons trop odieux, informé du duel qui
devait avoir lieu entre le Major et le Colonel, connaissant
le refus que faisait ce dernier de sauver son ami, vient de
partir pour Postdam, afin d'obtenir un délai et faire nommer
un autre président.

FRITZ.

Le tribunal va s'assembler; je ne balance plus.

EUGÉNIE.

Fritz, que voulez-vous faire, vous allezle déshonorer.

FRITZ.

Trouver une douzaine d'amis qui me sont dévoués, nous
pénétrerons, le sabre à la main, dans la prison, nous en en-
lèverons notre Colonel, fût-il gardé par une armée entière.

EUGÉNIE.

Fritz, arrêtez, je vous l'ordonne au nom de Verner, vous
allez le déshonorer.

SCENE II.

LES PRÉCÉDENS, BURNER.

BURNER.

Fritz, votre Colonel vous demande.

FRITZ.

J'y cours.

EUGÉNIE.

M. Burner, ordonnez que l'on s'assure de Fritz.

FRITZ.

Mademoiselle, que faites-vous ?

EUGÉNIE.

On sert mal un accusé en aggravant ses torts.

FRITZ.

Je vous entend, mademoiselle, je vais trouver M. Verner, je ne ferai rien de ce qu'il n'approuvera pas.

EUGÉNIE.

Vous me le promettez.

FRITZ.

Je vous le jure. Je n'éprouve que trop combien il est dangereux d'obéir à un premier mouvement. (*Fritz sort.*)

SCENE III.

EUGÉNIE, BURNER.

BURNER.

Mademoiselle, je quitte le Colonel, il désire avoir un entretien avec vous.

EUGÉNIE.

Quoi ! malgré son danger, il daigne encore s'occuper de moi, M. Burner ?

BURNER.

Mademoiselle ?

EUGÉNIE.

Dites-moi ? puis-je espérer ?

BURNER, *embarrassé.*

Permettez-moi de ne pas vous répondre.

EUGÉNIE.

Pourquoi ?

BURNER, *encore plus embarrassé.*

Mon devoir me le défend.

EUGÉNIE.

Vous craignez de me dire la vérité.

BURNER, *vivement.*

Le Colonel s'avance, je vous laisse avec lui. (*il sort en saluant Verner.*)

SCENE IV.

EUGÉNIE, LE COLONEL, *sans chapeau et sans armes.*

LE COLONEL.

Eugénie !

EUGÉNIE.

M. Verner !

LE COLONEL.

J'ai fait mon devoir en m'accordant un dernier entretien ; vous remplissez le vôtre, tous deux nous avons tenu parole.

EUGÉNIE.

Vous me rappelez mes torts, mon ami, mes yeux baignés de larmes vous prouvent assez combien je me repends de mes injustes soupçons.

LE COLONEL.

Je ne m'en souviens plus ; je viens vous demander un service, dans quelques heures je n'existerai plus ; le Major est un galant homme, il vous aime.

EUGÉNIE.

Arrête, Verner et connais ton amante ; ta position, cet aveu ! Eugénie t'adore ! Eugénie ne te survivra pas. Je le vois, tu te venge de mes soupçons en osant croire que j'accepterais une pareille proposition. Verner ! mon époux ! rends plus de justice à ton amante ; parles, si la mort m'eût enlevée à ton amour ; parle, aurais - tu formé d'autres nœuds.

LE COLONEL.

Jamais, jamais.

EUGÉNIE.

u viens de prononcer mon arrêt.

LE COLONEL.

Eugénie, vous redoublez l'horreur de ma position.

EUGÉNIE.

Je veux l'adoucir en la partageant, ta mort est certaine...

SCENE V.

Les précédens, LE MAJOR.

LE MAJOR

Non , je viens le sauver.

EUGÉNIE.

Vous !

LE MAJOR.

Les postes viennent d'être relevés , la nouvelle garde est composée de gens qui me sont dévoués; grâce à un stratagême, je viens d'obtenir un passe-port du bourgemestre, suivez-moi , je vais vous conduire dans un lieu sûr. A la nuit nous gagnerons la campagne , je vous servirai moi-même d'escorte, et je ne vous quitterai que lorsque vous serez en sûreté.

EUGÉNIE.

Quoi ! M. le Major , vous seriez assez généreux pour oublier que M. Verner est votre rival.

LE MAJOR.

Il est malheureux , je n'ai plus de haine ! venez , monsieur, venez ; donnez au major Brown ; la preuve que vous lui accordez votre estime.

LE COLONEL.

Oui , je vous estime , car je vous refuse , vous êtes militaire , je le suis , j'ai donné ma parole d'honneur à M. Burner ; que feriez-vous à ma place !

EUGÉNIE.

Il y va de vos jours.

LE COLONEL.

Je le sais ; mais il vaut mieux périr en homme de bien , que de vivre en homme déshonoré.

LE MAJOR.

Puisque vous refusez les secours de l'amitié , acceptez ceux que l'honneur m'ordonne de vous offrir : je veux être votre défenseur.

LE COLONEL.

Je n'en ai pas besoin , mon délit est prouvé , le tribunal n'a que l'identité à reconnaître.

SCENE VI.

LES PRÉCÉDENS, UN SERGENT, quatre Fusilliers.

LE SERGENT.

M. le Colonel, le tribunal est assemblé.

LE COLONEL.

Il suffit, je vais m'y rendre.

EUGÉNIE.

Non, vous n'irez pas, mon père est allé prés du Roi pour obtenir un délai, ce qu'il faisait pour M. Brown, il l'aurait fait pour vous.

LE COLONEL.

Président du tribunal qui devait juger M. Brown accusé, j'aurais exécuté les ordres du Roi, je n'aurais souffert aucun retard ; accusé, rien ne peut m'enlever l'avantage de prouver à mon Prince mon obéissance. Je vais au tribunal. (*il sort de même que le sergent et les quatre fusiliers.*)

SCENE VII.

EUGÉNIE, LE MAJOR.

EUGÉNIE.

M. le Major, ne donnerez-vous que des larmes au sort de cet infortuné...

LE MAJOR.

Je n'ai point osé insister sur le plan d'évasion que je viens de lui proposer, son devoir lui prescrivait un refus.

EUGÉNIE.

L'égoisme sait toujours colorer son insoucience.

LE MAJOR.

Donnez-moi les moyens de sauver mon rival et vous me connaîtrez mieux.

EUGÉNIE.

Le Roi n'étant plus à Postdam, mon père ne peut tarder à revenir en ces lieux, c'est sur lui seul que je compte.

LE MAJOR.

Tremblez qu'il n'arrive, son absence seule suspendra l'exécution de l'arrèt du tribunal.

EUGÉNIE.

Mon père n'est point juge dans cette affaire.

LE MAJOR.

Commandant en chef les troupes de ce cantonnement, si les formes ont été observées, sa signature sanctionnera la punition du coupable.

EUGÉNIE.

M. le Major, volez à la rencontre de mon père, qu'il s'éloigne. Grand dieu ! je l'apperçoit.

SCENE VIII.

LES PRÉCÉDENS, LE GÉNÉRAL, suivi de quelques Officiers.

LE GÉNÉRAL.

Quoi ! c'est vous, Major ! mon ami, le départ de la cour a rendu ma démarche inutile ; mais j'espère...

EUGÉNIE.

Le sort a mieux servi M. Brown.

LE MAJOR.

Oui, M. le Général, je suis à l'abri de tout danger, je dois cet avantage à la noble franchise d'un homme que nous connaissions peu l'un et l'autre ; M. Verner s'est déclaré coupable du délit dont on m'accusait.

LE GÉNÉRAL.

M. Verner !

EUGÉNIE.

Eh bien, mon père, le Colonel a-t-il justifié mon amour.

LE MAJOR.

En ce moment les juges prononcent sur son sort.

EUGÉNIE, *allant à lui.*

Fritz s'avance. Eh bien, Fritz, votre colonel...

SCENE IX.

LES PRÉCÉDENS, FRITZ.

FRITZ, *abattu.*

Le tribunal nous a condamné : car je ne lui survivrai pas ; je lui ferai un rempart de mon corps, je mourrai le premier.

Storb et Verner.   F

LE GÉNÉRAL.

Il est condamné.

SCENE X.

LES PRECEDENS, BURNER.

BURNER.

M. Storb, je viens remplir près de vous, un devoir bien cruel ; je vous apporte l'arrêt de mort du colonel Verner, tout le tribunal aurait donné sa vie pour sauver celle de l'homme qu'il estime, et dont il approuve en secret la conduite noble et franche.

EUGÉNIE.

Je me meurs !

LE GÉNÉRAL.

M. Burner toutes les formalités ont elles été remplies? dois-je sanctionner ce jugement.

BURNER.

Les aveux de l'accusé le confirme.

LE GÉNÉRAL.

Les aveux ne sont pas des preuves, M. le Capitaine.

BURNER

Malheureusement, il est prouvé que M. Verner a tué, dans un duel, le Comte de Struberg.

LE GÉNÉRAL.

Le comte de Struberg ! je respire à peine ! Eugénie, Major, mes amis, faites venir l'accusé ! ah! il a tué le comte de Struberg. Fritz, allez chercher la fete.

FRITZ.

Si l'insubordination mérite la mort, je vous remercie, vous m'attirez l'occasion que je cherche. Je n'irai pas.

LE GÉNÉRAL.

M. le Caporal, cette insubordination aura sa juste récompense. Major, où allez-vous ?

LE MAJOR.

Je sors ; la position de M. Verner mérité plus d'égards, un homme condamné, quelque soit son crime, devient un être sacré.

LE GÉNÉRAL.

Non, Major, restez, je veux que vous partagiez mes torts.
Voici le Colonel.

S C E N E   XI ET DERNIERE.

LES PRÉCÉDENS, LE COLONEL, escorté par des Soldats,
BURNER.

LE GÉNÉRAL.

M. le Colonel, vous avez tué le comte de Struberg ! vous
êtes condamné, le tribunal a bien fait, je fais encore mieux,
je vous donne ma fille.

TOUS.

Grand dieu !

LE GÉNÉRAL.

Viens, Verner, viens, dans mes bras, embrasser le comte
de Struberg !

TOUS.

Le comte de Struberg !

LE GÉNÉRAL.

Oui, mes amis, je suis le comte de Struberg, officier au
régiment de Salsbourg, croyant moi-même avoir tué mon
adversaire, je m'enfuis en Pologne : mon Eugénie, trop
jeune encore, ignora et mon nom et mes malheurs. Rentré
sous celui de Storb, le hasard me rend juge dans ma propre
cause, je rends au Roi un brave officier, à ma fille un époux
qu'elle desirait, au Major un ami ! puissé-je n'avoir jamais
que de pareilles jugemens à prononcer.

LE COLONEL.

Ah ! monsieur, comment jamais...

EUGÉNIE.

Mon père !

LE MAJOR.

M. Storb, mon ami.

FRITZ.

Mon Général !

LE GÉNÉRAL.

Allez, mes amis. M. le Capitaine, je me charge d'instruire
le Roi des détails de cette affaire, il se réjouira, mes amis,

de conserver un officier qu'il estime , et dont il sut toujours honorer le courage. Eh bien , Fritz, l'expérience doit vous corriger.

FRITZ.

Tellement, mon Général, qu'un homme me tuerait, que je ne le dénoncerais pas.

LE GÉNÉRAL.

Oui , mes amis , venez , que la joie succède à la tristesse ; Major , vous seul éprouvez des regrets ; mais il vous reste des amis ; partagez nos plaisirs , tous nous avons fait notre devoir. Le Colonel et moi, nous n'avons plus rien à nous reprocher , on est au comble du bonheur quand on a plus de remords.

F I N.